D1928052

DIE ITALIENISCHE KÜCHE...
was für eine Leidenschaft!!!

ATS Italia Editrice

INHALTSANGABE

VORSPEISEN

ERSTE GÄNGE

ZWEITE GÄNGE

DESSERTS

VORWORT

Annibale Carracci, Der Bohnenesser

D*ie italienische Küche… was für eine Leidenschaft!!!* , welcher Titel könnte besser die Freude vermitteln, mit der man die gute italienische Kochkunst kostet. Die Rezepte in diesem Band sind einfach, schnell und ohne Tricks fotografiert und erlauben so dem Leser, sie ohne Probleme nachzukochen. Um sich eine Kultur anzueignen, muss man sie leben und um sich die Kochkunst eines Landes anzueignen, muss man sie ausprobieren.

Gastronomie ist Kultur, da wir Menschen danach streben, unsere Speisen zu kreieren und dazu neigen, das was wir produzieren über das was wir geerntet haben zu stellen. Auch die Zubereitung ist Kultur, da der Mensch die Zutaten dank Zubereitungstechniken und dem Feuer verwandelt. Der Genuss ist Kultur, weil wir Menschen zwar Allesesser sind aber nicht etwa alles verzehren. Die Auswahl unserer Speisen ist an viele Faktoren geknüpft und einige davon haben symbolischen Wert.

Mit diesem Buch möchten wir die Leser am Italienischen Life Style teilhaben lassen, bei dem die italienische Küche eine bedeutende Rolle spielt und um die wir in aller Welt beneidet werden!

Bevor ich Sie den Rezepten überlasse, möchte ich Sie auf einige Dinge hinweisen: Olivenöl, Pasta, Reis, Brot und Käse sind zusammen mit aromatischen Kräutern und Wein die Hauptbestandteile unserer Küche. Bei einem guten Olivenöl müssen Landwirt und Herstellungsdatum angegeben sein und es sollte innerhalb von 18/24 Monaten verzehrt werden. Anders als beim Wein gilt hier je jünger umso besser.

Die Pasta wurde nicht von den Chinesen erfunden, schon vor 3000 Jahren war sie den antiken Griechen und später den Römern bekannt. Als Marco Polo aus China zurückkehrte wurde sie schon in Ligurien und Kampanien hergestellt und die Araber hatten schon längst die getrockneten Teigwaren erfunden.

Die Pasta wird in reichlich Wasser gekocht (nur Wasser, kein Öl): die richtige Portion beträgt 80 g Pasta pro Person und 10 g Salz auf jeden Liter Wasser. Das Salz wird ins kochende Wasser gegeben und sobald es neuerlich kocht, gibt man die Nudeln dazu und rührt sofort um. Für die Kochzeit befolgt man am besten die Angaben des Herstellers, man rührt die Nudeln häufig um und kostet sie ab und zu. Wenn die Pasta gar ist, nimmt man den Topf vom Herd, gießt das Wasser ab und schüttet die Nudeln noch etwas feucht in ein vorgewärmtes Gefäß. Die Pasta ist die Königin der Tafel, sie verdient den höchsten Respekt und auf keinen Fall sollte man sie warten lassen!

Reis ist in der italienischen Küche keine Beilage sondern einer der Hauptdarsteller und das Risotto ist ihr König. Für die Zubereitung eines guten Risotto verwendet man am besten Carnaroli oder Vialone-Reis.

Die italienische Küche ist die des „pane e companatico", das heißt des Brotes und dem, was man dazu isst. Die italienische Küche ohne Brot wäre wie eine schöne Frau ohne Augen: nicht zum Verlieben! Wichtig ist, dass das Brot aus nicht raffiniertem Mehl gebacken ist.

Italien ist reich an über 500 Käsesorten aus Kuh-, Schaf-, Ziegen- oder Büffelmilch. Viele Käsearten wie der Parmesankäse, Mozzarella und Gorgonzola sind einzigartig auf der Welt. Käse genießt man am besten bei Zimmertemperatur begleitet von gutem Brot und Wein.

Wein ist das Gegenteil vom Olivenöl, je älter desto besser. Allerdings schmecken Weißweine in den ersten vier Jahren am besten und Rotweine in den ersten sechs. Italien von den Alpen bis nach Sizilien ist reich an hervorragenden Weinen. Die antiken Römer sagten, dass ein Essen ohne Wein ein Prandium Caninum sei, ein Hundeessen, und ich persönlich schließe mich dem an und hoffe, dass auch unsere Leser mit mir und den antiken Römern einer Meinung sind!

Paolo Villoresi
Vorsitzender des Italian Culinary Institute

Geröstete Brotscheiben nach römischer Art

Zutaten FÜR 4 PERSONEN

- 4 reife Tomaten
- 2 Esslöffel fein gehackte, rote Zwiebel
- 2 Esslöffel extrareines Olivenöl
- 4 kleingerissene Basilikumblätter
- 4 Brotscheiben
- ½ Knoblauchzehe
- Salz und Pfeffer

Zubereitung

Die Tomaten von den Kernen befreien und in Stücke schneiden.• In einer Schüssel die Tomaten mit der Zwiebel, dem Olivenöl und Basilikum vermengen und mit Salz und Pfeffer abschmecken.• Die Brotscheiben leicht anrösten und das heiße Brot mit der Knoblauchzehe bestreichen. • Die Brotscheiben in eine flache Schüssel geben, eine Prise Salz hinzufügen, jede Scheibe mit der zuvor vorbereiteten Masse bestreichen und servieren.

Rom, *Kolosseum*

Kleine geröstete Brotscheiben mit Geflügelleber

Zutaten
FÜR 4 PERSONEN

- 340 g Geflügelleber
- Toskanisches Brot, in 0,50 cm dicke Scheiben geschnitten
- Eine gehackte Zwiebel
- Ein halbes Glas „Vin Santo", typischer toskanischer Dessertwein (fakultativ)
- 2 Sardellenfilets
- 1 Esslöffel fein gehackte Kapern
- 1 heiße Tasse Hühnerbrühe
- 40 g Butter
- extrareines Olivenöl
- Pfeffer

Zubereitung

Den Ofen vorheizen. • Die Geflügelleber waschen, wo nötig von Galle und Fett befreien, unter fließendem Wasser abspülen und trocken. • In einer Kasserolle die Butter schmelzen, die gehackte Zwiebel und die Geflügelleber hinzufügen. • Etwa 10 Minuten schmoren und den Vin Santo dazugießen, wenn nötig ein bisschen Wasser oder Brühe aufgießen. • Die gar gekochte Leber entweder mit dem Wiegemesser zerkleinern oder mixen, je nach der gewünschten Konsistenz. • Kapern und Sardinen kleinhacken. • Die Leber erneut in die Kasserolle geben zusammen mit den gehackten Kapern, Sardellen und Fond 3/4 Minuten kochen und wenn nötig Wasser oder Brühe hinzufügen. • Mit Salz abschmecken. • Die Brotscheiben im Ofen auf einer Seite rösten, Lebermasse darauf verteilen und die nicht geröstete Seite leicht mit Brühe befeuchten. • Mit einigen Kapern garnieren und sofort servieren.

Florenz, *Santa Maria del Fiore*

Reiskroketten

Zutaten

FÜR 16 REISKROKETTEN

- 400 g bissfest gekochter Reis (oder Risottoreste)

FÜR DIE HACKFLEISCHSOSSE UND DIE FÜLLUNG

- 200 g Lammhackfleisch
- 200 g gehäutete und in Stücke geschnittene Tomaten
- 1 kleine gehackte Zwiebel
- 1 gehackte Karotte
- 1 in Stücke geschnittene Selleriestange
- ½ Glas Wein
- 1 Esslöffel extrareines Olivenöl
- Salz und Pfeffer
- 200 g geriebenes Brot
- 100 g in Stücke geschnittener Mozzarella
- Olivenöl zum Frittieren

Zubereitung

FÜR DIE HACKFLEISCHSOSSE
Das extrareine Olivenöl in einem Topf erhitzen. • Die Zwiebel, die Selleriestange, die Karotte und das Fleisch hinzugeben und etwa 4 Minuten anziehen lassen. • Mit dem Wein ablöschen. • Die Tomaten in den Topf geben und die Soße kochen, bis sie dickflüssig wird. • Mit Salz abschmecken. • Den gekochten Reis mit der Hackfleischsoße anmachen und abkühlen lassen.

ZUBEREITUNG DER REISKROKETTEN
Die Hände mit Wasser befeuchten und 16 kleine Kugeln aus dem gewürzten Reis oder dem übriggebliebenen Risotto formen. • Mit dem Daumen in jeder Kugel einen kleinen Hohlraum formen. • Jede Reiskugel mit einem Stück Mozzarella füllen und fest zusammendrücken, um sie wieder zu schließen. • Die Kugeln im geschlagenen Ei wälzen, mit dem geriebenen Brot panieren und mit Salz und Pfeffer würzen. • Olivenöl in einer Pfanne bei mittlerer Hitze erwärmen. • Die Reiskroketten goldbraun frittieren, auf Küchenpapier abtropfen lassen und heiß servieren.

Rom, *Trinità dei Monti*

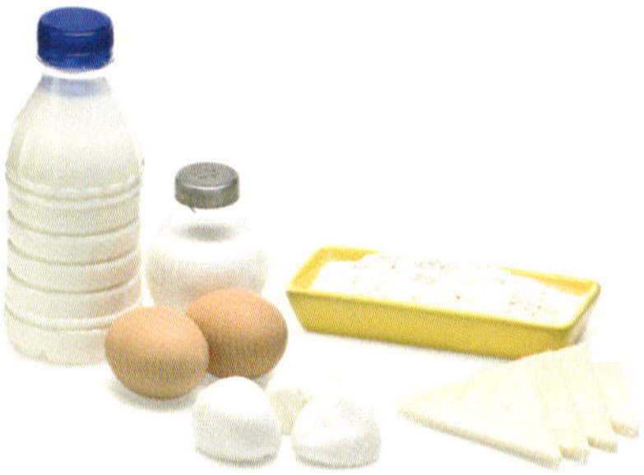

Mit Brot ausgebackene Mozzarella-Scheiben

Zutaten
FÜR 4 PERSONEN

- 8 Scheiben Weißbrot ohne Kruste, in Dreiecke geschnitten
- 4 dicke Mozzarellascheiben, in Dreiecke geschnitten
- 2 Sardellenfilets
- 1 Glas Milch
- 2 Eier
- Mehl
- Öl zum Frittieren
- Salz und Pfeffer

Zubereitung

Das Mehl in eine Schüssel geben und mit Salz und Pfeffer würzen. • Die Hälfte der Brotscheiben auf eine flache Unterlage legen und mit einer Mozzarellascheibe und einer halben Sardelle bedecken. • Mit der anderen Brothälfte schließen und das so entstandene Sandwich in der Milch anfeuchten. • Danach im Mehl wenden und überschüssiges Mehl abschütteln. • In einer Pfanne mit hohem Rand 2 cm Öl erhitzen. • In einer Schüssel die Eier verrühren und mit Salz und Pfeffer würzen. • Die Sandwichs im Ei wenden und vorsichtig in die Pfanne geben. • Auf beiden Seiten im Öl ausbacken, bis sie eine goldgelbe Farbe angenommen haben. • Die Sandwichs auf Küchenpapier gut abtropfen lassen, salzen und heiß servieren.

Vatikan, *Peterskirche*

Panzanella - Brot-Gemüse Salat

Zutaten
FÜR 6 PERSONEN

- 6 große Scheiben altbackenes Brot ohne Salz
- 6 reife San Marzano-Tomaten, entkernt und in Stücke geschnitten
- 1 gehackte rote Zwiebel
- 2 Gurken, entkernt und in Stücke geschnitten
- Ein Bund gehacktes Basilikum
- 200 ml extrareines Olivenöl
- 60 ml roter Weinessig

Zubereitung

Die Brotscheiben zusammen mit einem Glas kalten Wasser in eine Schüssel geben. • Etwa 15 Minuten einweichen lassen. • Das Wasser aus einer Hand voll Brot ausdrücken. • Das Brot in eine Salatschüssel geben und das Gemüse hinzufügen. • Mit Salz und Pfeffer würzen. • In einer kleinen Schüssel langsam den Essig mit dem Olivenöl verrühren. • Den Salat damit würzen und gut vermengen. • Den Salat im Kühlschrank gut abkühlen lassen. • Vor dem Servieren noch ein bisschen von dem Essig-Öl Dressing hinzufügen und erneut vermischen. • Mit frischem Basilikum garnieren.

Florenz, *Ponte Vecchio*

Bohnen nach toskanischer Art

Zutaten
FÜR 4 PERSONEN

- 300 g weiße, getrocknete Bohnen
- 300 g geschälte Tomaten, in Stücke geschnitten
- 2 Knoblauchzehen
- ½ Glas extrareines Olivenöl
- Salz
- frisch gemahlener Pfeffer

Zubereitung

Die zuvor eine Nacht lang eingeweichten Bohnen in einen Topf geben und bei schwacher Hitze weich kochen. • Im Sud erkalten lassen. • Olivenöl in eine Kasserolle geben, Knoblauch und ein paar Blätter Salbei hinzufügen und solange anschwitzen, bis der Knoblauch eine goldgelbe Farbe annimmt. • Die gut abgetropften Bohnen in die Kasserolle geben, mit Salz und Pfeffer würzen und ein paar Minuten lang kochen. • Die Tomaten hinzufügen und alles etwa eine halbe Stunde lang bei schwacher Hitze dünsten. • Ab und zu mit einem Holzlöffel umrühren. • Die Bohnen sollten zart aber kompakt sein. • Servieren.

Florenz, *Ansicht*

Meersalat Amalfi

Zutaten
FÜR 8 PERSONEN

- 450 g ausgenommene und gewaschene Polypen
- 450 g ausgenommene und gewaschene Tintenfische
- 450 g Languste, ganz
- 450 g Jakobsmuscheln
- 450 g mittelgroße Garnelen
- 450 g Krebsfleisch
- 1 gehackte Knoblauchzehe
- 2 Esslöffel gehackte Petersilie
- extrareines Olivenöl
- Saft von 2 Zitronen
- Salz und Pfeffer

Zubereitung

Die Tintenfische in reichlich Salzwasser 10 Minuten kochen, kontrollieren, dass er zart bleibt, dann abtropfen und ruhen lassen. • Den Polypen ins kochende Wasser geben und 5 Minuten kochen. • Aus dem Wasser nehmen und ruhen lassen. • Sollten die Fische noch zäh sein, weitere 50 bis 60 Minuten kochen, bis sie weich werden. • Die Languste etwa 8 Minuten lang kochen. • Aus dem Wasser nehmen und in eine Schüssel mit Eis legen. • Die zuvor kurz abgebrühten Jakobsmuscheln etwas 8 Minuten dünsten und danach auf Eis legen. • Sobald sie abgekühlt sind, in kleine Stücke schneiden. • Das Fleisch der Languste aus dem Panzer entfernen, kleinschneiden und alle Fische (inklusive dem gekochten Krebs und den Garnelen) in eine große Schüssel geben. • Olivenöl, Knoblauch, einen Esslöffel Petersilie und den Saft einer Zitrone hinzufügen. • Salzen und über Nacht im Kühlschrank ziehen lassen. • Vor dem Servieren Olivenöl, den restlichen Zitronensaft und Petersilie hinzufügen.

Amalfi-Küste, *Ansicht*

Sommerlicher Meersalat

Zutaten
FÜR 4 PERSONEN

- 450 g frische oder tiefgekühlte Tintenfische, ausgenommen, gewaschen und in dünne Streifen geschnitten
- 900 g mittelgroße Garnelen, gewaschen
- 450 g gewaschene Miesmuscheln
- 1 kleingeschnittene Selleriestange
- 2 Esslöffel gehackte Petersilie
- 3 Esslöffel extrareines Olivenöl
- Saft von 1 Zitrone
- Salz und Pfeffer

Zubereitung

Wasser aufsetzen und zum Kochen bringen. • Die Tintenfische 15 Sekunden darin abbrühen. • Aus dem Wasser entfernen und in eine mit Eis gefüllte Schüssel geben. • Wasser abgießen und ruhen lassen. • Die Garnelen in dem kochenden Wasser 3 Minuten kochen. • Abtropfen und erkalten lassen. • Die Miesmuschel mit einem Glas Wasser in eine Pfanne geben. • Zugedeckt bei mittlerer Hitze etwa 4 Minuten kochen bis sich die Schalen öffnen. • Die Miesmuscheln, deren Schalen sich nicht geöffnet haben, entfernen. • Die anderen abtropfen und abkühlen lassen. • In einer Schüssel die Tintenfische, Garnelen, Miesmuscheln, Sellerie und Petersilie vermengen. • In einer kleineren Schüssel den Zitronensaft mit Olivenöl zu einer einheitlichen Sauce verrühren. • Mit Salz und Pfeffer würzen, über den Fisch geben und servieren.

Neapel, *Castel dell'Ovo*

Spaghetti mit Tomatensoße

Zutaten
FÜR 4 PERSONEN

- 900 g reife Tomaten (oder 800 g geschälte Tomaten aus der Dose)
- 450 g Spaghetti
- 1 Knoblauchzehe
- 1 fein gehackte Zwiebel
- 10 g kleingerissene Basilikumblätter
- Parmesankäse (parmigiano reggiano oder grana padano)
- Extrareines Olivenöl
- Salz und Pfeffer

Zubereitung

Wasser in einem großen Topf zum Kochen bringen. • Stiele an den Tomaten entfernen und die Haut kreuzförmig anschneiden: Dadurch wird später das Abziehen der Haut erleichtert. • Die Tomaten etwa 15/30 Sekunden in kochendem Wasser sieden. • Abtropfen und abkühlen lassen. • Die Tomaten halbieren und die Kerne entfernen. • Das restliche Tomatenmark in Stücke schneiden und in eine Schüssel geben (wenn man schon fertig geschälte Tomaten verwendet, diese einfach mit einer Gabel zerdrücken). • In einer Pfanne Öl bei mittlerer Hitze erwärmen. • Eine ganze Knoblauchzehe darin anziehen lassen, bis sie eine goldgelbe Farbe annimmt. • Die Knoblauchzehe entfernen und die gehackte Zwiebel anschwitzen bis sie glasig wird, dann die Tomaten dazugeben. • Mit Salz und Pfeffer würzen und die Hitze drosseln. • Zugedeckt etwa 30 Minuten bis 1 Stunde köcheln lassen. • Kurz vor Ende der Kochzeit das Basilikum hinzufügen. • In der Zwischenzeit in einem anderen Topf Wasser aufsetzen und zum Kochen bringen. • Salzen und die Nudeln „al dente" kochen. • Wasser abgießen und die Soße über die Nudeln geben und gut vermengen. • Mit einigen Blättern frischem Basilikum garnieren, mit Parmesankäse bestreuen und servieren.

Neapel, *Fontana dell'Immacolatella*

Penne mit scharfer Tomatensoße

Zutaten
FÜR 4 PERSONEN

- 400 g Penne
- 500 g geschälte und entkernte Tomaten
- 2 plattgedrückte Knoblauchzehen
- 1 scharfe Paprikaschote
- 1 Bund gehackte Petersilie
- Salz
- 2 Esslöffel extrareines Olivenöl

Zubereitung

Reichlich Wasser zum Kochen bringen. • In einem großen Topf bei mittlerer Hitze das Olivenöl erwärmen und darin die in Stücke geschnittene Paprikaschote und den Knoblauch gut anschwitzen, bis dieser goldgelbe Farbe annimmt. • Die zwei Knoblauchzehen entfernen, die Paprikasamen entfernen und die Tomaten in den Topf geben. • Salzen und eine Viertelstunde kochen. • In der Zwischenzeit die Nudeln in kochendem Salzwasser bissfest kochen. • Abtropfen lassen und dann in der Pfanne mit der Soße vermengen und bei großer Hitze Geschmack annehmen lassen. • Auf einen vorgewärmten Teller anrichten, mit gehackter Petersilie bestreuen und servieren.

Rom, *Kapitol*

Bucatini nach Art von Amatrice

Zutaten
FÜR 4 PERSONEN

- 400 g Bucatini
- 200 g durchwachsener Speck vom Schweinskopf, in Stücke geschnitten
- 50 g geriebener römischer Schafskäse
- 3 reife Tomaten, geschält, entkernt und in Stücke geschnitten
- Eine Prise scharfe Paprikaschote in Pulver
- extrareines Olivenöl
- Salz und Pfeffer

Zubereitung

In einem großen Topf reichlich Salzwasser zum Kochen bringen. • Olivenöl in einer Pfanne erhitzen und den Speck bei mittlerer Hitze etwa 6 bis 8 Minuten anbraten, bis er sich ein bisschen zusammenzieht. • Aus der Pfanne nehmen und zur Seite stellen.
• In die gleiche Pfanne Tomaten und das Paprikapulver hinzufügen und mit Salz und Pfeffer würzen. • Nach etwa 10 Minuten Kochzeit den Speck in die Soße geben und das Ganze vermischen. • Während dieser zweiten Kochphase kann schon die Pasta „al dente“ gekocht werden. • Die Nudeln abtropfen lassen und mit der Soße vermengen. • Schafskäse hinzufügen und servieren.

Rom, *Forum Romanum*

Spaghetti Bellini

Zutaten
FÜR 4 PERSONEN

- 450 g Spaghetti
- 240 g frischer Mozzarella, gewürfelt
- 5 reife Tomaten, in Stücke geschnitten
- 1 Esslöffel Kapern
- gehackter Basilikum
- extrareines Olivenöl
- Salz und Pfeffer

Zubereitung

In einer Schüssel die Tomatenstückchen und Kapern vermengen. • Mit Salz und Pfeffer würzen und ziehen lassen. • Die Tomatenmasse abgießen und dabei die Flüssigkeit aufbewahren. • In einer Schüssel Mozzarella und Basilikum vermengen, salzen und pfeffern. • In einer Pfanne auf mittlerer Flamme das Olivenöl erhitzen und die Tomatenmasse hinzufügen. • 7 bis 8 Minuten kochen. • In der Zwischenzeit die Spaghetti in reichlich Salzwasser „al dente“ kochen. • Die Nudeln abgießen und mit der Soße vermischen. • Sollte die Soße zu trocken sein, ein bisschen von der Tomatenflüssigkeit hinzufügen. • Vermengen und vom Herd nehmen. • Zum Schluss Mozzarella hinzufügen, vermischen und servieren.

Taormina, *griechisch-römisches Theater*

Taglierini mit Erbsen und Trüffel

Zutaten
FÜR 4 PERSONEN

- 450 g Taglierini - Eiernudeln
- 2 Dosen kleine Erbsen
- 1 Knoblauchzehe, in Scheiben geschnitten
- 1 Schalotte, in feine Scheiben geschnitten
- 1 Esslöffel gehackte Petersilie
- 1 Brühwürfel
- 15 g Butter
- 2 Esslöffel extrareines Olivenöl
- ½ Esslöffel weißer Pfeffer
- Salz
- weißer Trüffel

Zubereitung

Die Dosen öffnen und die Erbsen abgießen, mit lauwarmem Wasser waschen und erneut abtropfen lassen. • In einer Pfanne Öl erhitzen, Knoblauch, die Schalotte, Petersilie, Erbsen, den Brühwürfel und Pfeffer unter ständigem Rühren anschwitzen lassen, Ein halbes Glas Wasser dazugießen, die Hitze reduzieren und 5 Minuten köcheln lassen. • Die Butter dazugeben und schmelzen lassen. • In der Zwischenzeit einen Topf mit Wasser zum Kochen bringen und Salz und Nudeln hineingeben. • Die Nudeln bissfest kochen und abgießen. • Die Pasta in der Pfanne schwenken, bis sie die Soße aufnimmt, mit feinen weißen Trüffelscheiben garniert servieren.

Urbino, *Ansicht*

Bandnudeln mit Venusmuscheln

Zutaten

FÜR 4 PERSONEN

- 600 g Venusmuscheln, vor dem Kochen mindestens 30 Minuten im kalten Wasserbad einweichen und danach abtropfen lassen
- 450 g Bandnudeln
- 1 Knoblauchzehe
- 1 Esslöffel gehackte Petersilie
- ½ Glas Wein
- 2 Esslöffel extrareines Olivenöl
- Salz und Pfeffer

Zubereitung

Die Venusmuscheln mit einem Glas Wasser in einen Topf geben. • Mit Deckel 4 Minuten bei mittlerer Hitze kochen, bis sich die Schalen öffnen. • Den Sud abgießen und getrennt aufbewahren. • In einem anderen Topf Wasser aufsetzen. • Sobald da Wasser kocht, salzen und die Nudeln „al dente" kochen. • In einer Pfanne bei mittlerer Hitze Olivenöl erwärmen. • Den Knoblauch hinzugeben und etwa 1 Minute anschwitzen. • Die Knoblauchzehe entfernen, Wein und Muschelsud dazugießen. • Salzen, pfeffern und aufkochen bis die Flüssigkeit fast verkocht ist. • Die abgetropften Nudeln zusammen mit den Venusmuscheln in die Pfanne geben. • Mit Petersilie garnieren und servieren.

Rom, *Kolosseum und Triumphbogen des Konstantin*

Taglierini mit Tintenfischen und Garnelen

Zutaten
FÜR 4 PERSONEN

- 500 g Taglierini Suppennudeln (oder lange Nudeln)
- 1 Tintenfisch (von zirka 200 g)
- 200 g Garnelen, gewaschen und aus der Schale entfernt
- 1 Knoblauchzehe
- 2 Esslöffel gehackte Petersilie
- 3 Esslöffel extrareines Olivenöl
- ½ Glas trockener Weißwein
- Eine Prise Chili
- Salz und Pfeffer

Zubereitung

Den Tintenfisch putzen, dabei Knorpel und Tinte entfernen. • Die Fangarme abtrennen und den Tintenfisch in Ringe schneiden. • In einer ziemlich großen Pfanne Öl erhitzen. • Die Tintenfischkringel und Fangarme zusammen mit den Garnelen und Knoblauch hinzugeben und etwa 8 Minuten anbraten. • Salzen, pfeffern, den Chili hinzufügen und umrühren. • Den Wein dazugießen und etwa 4 Minuten lang unter ständigem Umrühren fast vollständig verkochen lassen. • Topf vom Herd nehmen und zudecken. • In der Zwischenzeit in einem anderen Topf Wasser zum Kochen bringen, salzen und die Pasta „al dente“ kochen. • Die Nudeln zusammen mit dem Fisch in einer Pfanne schwenken, Petersilie hinzufügen und umrühren. • Mit weiterer Petersilie garnieren und servieren.

Neapel, *angiovinischer Hauptturm*

Kleine Teigwarenmuscheln mit Rübensprossen

Zutaten
FÜR 4 PERSONEN

- 900 g Rübensprossen, gestutzt
- 450 g „Orecchiette“ (kleine Teigwarenmuscheln)
- 2 Sardellenfilets, in kleine Stücke geschnitten
- 1 Knoblauchzehe, gehäutet
- scharfe Paprikaschote
- 2 Esslöffel extrareines Olivenöl
- Salz

Zubereitung

Wasser zum Kochen bringen. • Die Rübensprossen waschen und abtropfen lassen. • Das Wasser salzen, die Rübensprossen und Pasta dazugeben. • Die Nudeln „al dente“ kochen. • In der Zwischenzeit, bei mittlerer Hitze das Olivenöl in einer Pfanne erwärmen. • Die Knoblauchzehe, die scharfe Paprikaschote und Sardellen hinzugeben und anschwitzen, bis der Knoblauch nach etwa 2 bis 3 Minuten goldgelbe Farbe annimmt. • Die Nudeln und Rübensprossen abtropfen lassen und mit in die Pfanne geben. • Ein paar Minuten kochen, mit Olivenöl anrichten und servieren.

Alberobello, *Kirche S. Antonio*

Kleine Gnocchi nach sardischer Art mit Wurstsoße

Zutaten
FÜR 6 PERSONEN

FÜR DIE GNOCCHI

- Eine Prise Safran
- 500 g Grießmehl
- Salz
- Mehl

FÜR DIE SOSSE

- 3 Esslöffel extrareines Olivenöl
- 1 kleine Zwiebel, in Stücke geschnitten
- 1 gehackte Knoblauchzehe
- 2 milde italienische Würste, gehäutet und zerbröselt
- 3 Basilikumblätter, in Stücke geschnitten
- Eine Dose (450 g) in Stücke geschnittene Tomaten
- Geriebener Schafskäse
- Salz und Pfeffer

Zubereitung

FÜR DIE GNOCCHI

Den Safran in einem Glas kalten Wasser etwa 10 Minuten einweichen. • Auf einer Arbeitsfläche das Grießmehl pyramidenförmig anhäufen und mit der geschlossenen Faust in der Mitte eine Einbuchtung formen. • In diese das Wasser mit dem Safran und eine Prise Salz kippen und gut mit einer Gabel vermengen. • Nach und nach heißes Wasser hinzufügen und kneten, bis ein gleichmäßiger, weicher Teig entsteht. • Eine etwa Golfball große Kugel abtrennen und den restlichen Teig bedecken. • Eine glatte Oberfläche mit Mehl bestäuben und den Teig mit den Händen rollen, bis eine lange, etwa einen halben Zentimeter dicke Teigwurst entsteht. • Kleine Stücke davon abreißen (etwa von der Größe einer getrockneten Bohne) und mit dem Zeigefinger kräuseln. • Solange wiederholen, bis der gesamte Teig aufgebraucht ist. • Die Pasta mit ein bisschen Mehl bestäuben und trocknen lassen.

FÜR DIE SOSSE

In einer Pfanne bei mittlerer Hitze Olivenöl erwärmen. • Zwiebel, Knoblauch und Wurst hinzugeben und 4 bis 5 Minuten anbraten. • Danach den Basilikum und Tomaten hinzufügen und mit Salz und Pfeffer würzen. • Etwa 10 Minuten köcheln lassen.

Die Pasta zirka 6 bis 7 Minuten kochen. • Wasser abgießen, die Gnocchi mit der Soße anrichten, mit Schafskäse bestreuen und servieren.

La Maddalena, *Ansicht*

Tagliatelle mit Hackfleischsoße

Zutaten
FÜR 4 PERSONEN

- 450 g Tagliatelle (dünne Bandnudeln)
- 400 g mageres Rinderhackfleisch
- 1 Dose ganze geschälte Tomaten
- 1 kleine, gehackte Zwiebel
- 1 kleine Karotte, geputzt und kleingehackt
- 1 Selleriestange, gewürfelt
- 3 Esslöffel gehackte Petersilie
- 1 Liter Fleischbrühe
- ½ Glas Rotwein
- 3 Esslöffel extrareines Olivenöl
- Grana Padano (ein dem Parmesan ähnlicher Hartkäse)
- Salz und Pfeffer

Zubereitung

In einer Pfanne auf mittlerer Flamme Olivenöl erhitzen. • Die Zwiebel, Karotte und die Selleriestange hinzugeben und 5 Minuten anziehen lassen. • Das Fleisch hinzufügen, mit Salz und Pfeffer abschmecken und noch 10 Minuten kochen lassen, oft umrühren, um das Anbrennen des Satzes zu vermeiden. • Mit dem Wein ablöschen. • Die Tomaten in die Pfanne geben, mit einer Gabel zerdrücken und umrühren. • Die Petersilie hinzufügen und weitere 10 Minuten kochen. • Nun die Fleischbrühe in die Pfanne gießen und die Hitze drosseln. • Auf kleiner Flamme köcheln lassen bis eine einheitliche Sauce entstanden ist: die Kochzeit beträgt zwischen 45 Minuten und 3 Stunden. • In einem Topf reichlich Wasser zum Kochen bringen, salzen und die Nudeln „al dente" kochen. • Die Tagliatelle abgießen, die Soße darüber geben und umrühren. • Servieren und jede Portion mit geriebenem „Grana Padano" bestreuen.

Bologna, *Piazza Maggiore*

Lasagne aus dem Ofen

Zutaten
FÜR 4 PERSONEN

FÜR DIE LASAGNE

- 450 g Lasagne
- Parmesankäse
- 1 Esslöffel extrareines Olivenöl
- Petersilie
- Salz

FÜR DIE HACKFLEISCHSOSSE

- 400 g mageres Rinderhackfleisch
- 1 Dose ganze, geschälte Tomaten
- 1 kleine, gewürfelte Zwiebel
- 1 geputzte und gewürfelte Karotte
- 1 gewürfelte Selleriestange
- 3 Esslöffel gehackte Petersilie
- 1 Liter Fleischbrühe
- ½ Glas Rotwein
- 3 Esslöffel extrareines Olivenöl
- Salz und Pfeffer

Zubereitung

FÜR DIE HACKFLEISCHSOSSE

In einer Pfanne auf mittlerer Flamme Olivenöl erhitzen. • Die Zwiebel, Karotte und den Sellerie darin 5 Minuten anschwitzen. • Das Fleisch dazugeben, mit Salz und Pfeffer abschmecken und etwa 10 Minuten unter häufigem Umrühren kochen, um ein Anbrennen des Satzes zu vermeiden. • Mit dem Wein ablöschen. • Die Tomaten dazugeben, mit einer Gabel zerdrücken und umrühren. • Die Petersilie hinzufügen und noch weitere 10 Minuten kochen lassen. • Danach die Fleischbrühe dazugießen und die Hitze reduzieren. • Auf schwacher Flamme köcheln lassen bis eine einheitliche Soße entsteht: die dazu notwendige Kochzeit beträgt zwischen 45 Minuten und 3 Stunden.

FÜR DIE LASAGNE

Den Ofen auf 180° vorheizen. • Wasser in einem Topf zum Kochen bringen. • Salzen und die Lasagne al dente kochen. • Die Nudeln abgießen mit Öl begießen und abkühlen lassen. • Eine hohe Auflaufform aus Keramik mit einer Schicht Lasagne auslegen. • Mit Hackfleischsoße bedecken und den Parmesankäse darüber streuen. • Solange mit den abwechselnden Schichten fortfahren, bis die ganze Hackfleischsoße aufgebraucht ist. • Die letzte Schicht mit Parmesankäse bestreuen. • 45 Minuten im Ofen backen und anschließend 10 Minuten ruhen lassen. • In Portionen schneiden und mit Petersilie garniert servieren.

Bologna, *San Luca*

Safran-Risotto

Zutaten
FÜR 4/6 PERSONEN

- 400 g Reis (Arborio)
- 2 Liter Fleischbrühe
- 20 g Rindermark (fakultativ)
- 80 g Butter
- 1 kleine, gehackte Zwiebel
- 1 Tüte Safran
- 80 g geriebenen Parmesankäse
- Salz und Pfeffer

Zubereitung

In einer großen Kasserolle 50 g Butter zusammen mit dem Rindermark erhitzen, die gehackte Zwiebel hinzugeben und auf kleiner Flamme anschwitzen bis sie glasig ist. • Den Reis hinzufügen und so umrühren, dass er die Soße aufsaugt und anfängt zu glänzen. • Den Reis mit einer Schöpfkelle kochender Fleischbrühe begießen und wie ein normales Risotto weiter kochen. • Mit Salz abschmecken. • Zu dem noch bissfesten Reis, den in ein bis zwei Esslöffeln lauwarmer Brühe gelösten Safran dazugeben und zu Ende kochen. • Den Topf vom Herd nehmen, das Risotto mit der übrigen Butter eindicken und mit geriebenem Parmesan und Pfeffer gewürzt servieren.

Mailand, *Dom*

Acquacotta

Zutaten
FÜR 4 PERSONEN

- 4 Brotscheiben
- 6 Tomaten „San Marzano“ , in Stücke geschnitten
- 4 Eier
- 1 Selleriestange, in große Stücke geschnitten
- 1 gehackte scharfe Paprikaschote
- geriebener Schafskäse aus der Toskana
- 40 g extrareines Olivenöl

Zubereitung

In einer Pfanne auf kleiner Flamme Olivenöl erhitzen. • Die Zwiebel, scharfe Paprikaschote, den Sellerie und die Tomaten hinzufügen und etwa 30 Minuten kochen. • Ein Glas Wasser hinzugeben, zum Kochen bringen und 5 Minuten weiter kochen. • Vorsichtig die Eier in die Suppe fallen lassen, dabei aufpassen, dass die Eigelbe nicht kaputtgehen. • Auf kleiner Flamme köcheln, bis die Eier steif werden.
• Die Brotscheiben leicht anrösten, jeweils eine in jeden tiefen Teller legen und mit Schafskäse bestreuen.
• Die Suppe darübergießen und sofort servieren.

Florenz, *Palazzo Vecchio*

Kartoffelgnocchi mit Steinpilzsauce

Zutaten
FÜR 6 PERSONEN

FÜR DIE SOSSE

- 130 g getrocknete Steinpilze
- extrareines Olivenöl
- 2 gehackte Schalotten
- ½ Glas trockener Weißwein
- 1 Glas Sahne
- Salbei zum Garnieren
- Salz und Pfeffer

FÜR DIE GNOCCHI

- 1,2 kg Kartoffeln
- 200 g Mehl
- 1 Prise Muskatnuss
- 1 Ei (fakultativ)
- Salz

Mailand, *Piazza Duomo*

Zubereitung

FÜR DIE SOSSE

Die Steinpilze in einem Glas kochendem Wasser etwa 30 Minuten einweichen. • Anschließend das überschüssige Wasser gut ausdrücken und die Pilze in Stücke schneiden. • Das Wasser der Steinpilze filtern und aufbewahren. • In einer großen Pfanne Öl erhitzen. • Die Schalotten und die Steinpilze darin etwa 4 Minuten lang anbraten. Mit dem Wein begießen. • Solange kochen, bis die Soße eindickt, dazu braucht man etwa 18 Minuten. • Die Sahne und Pilzflüssigkeit dazugeben und nochmal 5 Minuten weiter eindicken lassen. • Mit Salz und Pfeffer abschmecken.

FÜR DIE GNOCCHI

Die Kartoffeln kochen, pellen und mit dem Kartoffelstampfer pürieren. • Die so entstandene Kartoffelmasse auf eine mit Mehl bestäubte Arbeitsfläche legen. • Abkühlen lassen und ein bisschen Mehl darüber streuen. • Mehl und Kartoffeln mit den Hände zu einem Teig kneten. • Die Muskatnuss dazugeben und weiter kneten. • Das Ei nur hinzufügen, wenn der Teig nicht homogen genug sein sollte. • Den Teig solange kneten, bis eine weiche, elastische Masse entsteht. • Den Teig dreiteilen und der Reihe nach Teigrollen formen. • Während der Bearbeitung den übrigen Teig bedecken, um ein Austrocknen zu vermeiden. • Mit einem Messer jede Teigrolle in 2,5 cm breite Stücke schneiden und diese nacheinander auf eine Gabel legen: mit dem Daumen sanft nach außen drücken, so entstehen die typischen Streifen. • Die Gnocchi in reichlich, leicht gesalzenem Salzwasser kochen. • Die nach und nach an die Wasseroberfläche kommenden Gnocchi abschöpfen, abtropfen lassen, auf einem Teller anrichten und sofort mit der Soße übergießen. • Mit Salbei garnieren und servieren.

Teigwaren mit Bohnen

Zutaten
FÜR 4 PERSONEN

- 225 g große, kurze Nudeln
- 20 g in Stücke geschnittene Tomaten
- 3 Dosen abgetropfte weiße Bohnen (etwa 430 g)
- extrareines Olivenöl
- 1 gehackte Knoblauchzehe
- 4 Salbeiblätter
- Salz und Pfeffer

Zubereitung

Die Hälfte der Bohnen pürieren. • In einem Topf in drei Esslöffeln Olivenöl den Salbei und die zerdrückte Knoblauchzehe anschwitzen, bis sie goldgelbe Farbe annimmt. • Die pürierten Bohnen und etwa einen halben Liter Wasser dazugeben. • Mit Salz und Pfeffer abschmecken. • Die Tomaten dazugeben und fast am Ende der Kochzeit die ganzen Bohnen. • Zum Kochen bringen und darin die Nudeln 10 Minuten oder länger kochen. • Das Gericht ist hervorragend sowohl heiß als auch kalt oder lauwarm.

Bologna, *Türme Garisenda und Asinelli*

Teigwaren mit Kichererbsen

Zutaten
FÜR 4 PERSONEN

- 450 g Lagane oder Pappardelle (breite, gewellte Bandnudeln)
- 240 g getrocknete Kichererbsen, über Nacht eingeweicht und abgetropft
- 60 g Tomaten, getrocknet oder geschält und in Stücke geschnitten
- 1 Rosmarinzweig oder 2 Lorbeerblätter
- 3 Esslöffel extrareines Olivenöl
- 1 Knoblauchzehe
- Salz und Pfeffer

Zubereitung

Die Kichererbsen in einem Topf mit zwei Liter Salzwasser zum Kochen bringen und mit Deckel auf leiser Flamme etwa 3 Stunden köcheln lassen. • Nach der Hälfte der Kochzeit drei Schöpfkellen Kichererbsen pürieren und erneut mit in den Topf geben. • In einer Pfanne in ein bisschen Öl die zerdrückte Knoblauchzehe und den Rosmarin anschwitzen und anschließend die Tomaten hinzufügen. • Nach 10 Minuten vom Herd nehmen, den Knoblauch entfernen und die Soße in den Topf zu den Kichererbsen gießen. • Umrühren und falls notwendig salzen. • Die Nudel dazugeben und zusammen mit den Kichererbsen kochen. • Wenn sie gar sind alles in eine Suppenterrine gießen und mit einem Esslöffel Olivenöl und Pfeffer würzen.

Vatikan, *Peterskirche*

Kalbfleisch an Thunfischsoße

Zutaten
FÜR 4/6 PERSONEN

FÜR DAS KALBFLEISCH

- 900 g Kalbfleisch
- 1 Karotte, in Stücke geschnitten
- 1 Selleriestange, in Stücke geschnitten
- 1 Kartoffel, in Würfel geschnitten
- ½ Liter heiße Fleischbrühe
- 3 Teelöffel extrareines Olivenöl
- Salz

FÜR DIE SOSSE

- 180 g Thunfisch aus der Dose
- 3 Esslöffel Kapern
- 2 Sardellen, in Stücke geschnitten
- 1 Ei
- extrareines Olivenöl
- Zitronensaft

Zubereitung

FÜR DAS KALBFLEISCH

Den Ofen auf 180° vorheizen. • In einer Auflaufform Olivenöl auf großer Flamme erhitzen. • Das Kalbfleisch dazugeben und gut anbraten. • Die Karotte, Selleriestange und Kartoffeln hinzufügen und mit Salz abschmecken. • Die Auflaufform in den Ofen schieben und etwa 30 Minuten kochen. • Ab und zu kontrollieren, dass das Fleisch nicht zu sehr austrocknet. • Sollte dies der Fall sein, nach und nach ein bisschen Brühe dazugießen. • Die Auflaufform aus dem Ofen nehmen und das Fleisch in Scheiben schneiden.

FÜR DIE SOSSE

Das Ei mit Olivenöl und Zitronensaft mixen. • Den Thunfisch, die Kapern und die Sardellen dazugeben und solange mixen, bis eine homogene Soße entsteht. • Die Fleischscheiben auf einem Teller anrichten und mit der Thunfischsoße übergießen. • Mit einigen Kapern garniert servieren.

Turin, *Mole Antonelliana*

Kalbshaxen nach Mailänder Art

Zutaten
FÜR 4 PERSONEN

- 4 mindestens 2 cm dicke Kalbshaxen
- 3 cm Tomatenmark aus der Tube
- 100 g Butter
- Extrareines Olivenöl
- 1 Bund gehackte Petersilie
- 1 Knoblauchzehe
- ½ Zwiebel
- 2 Sardellen, Gräten und Salz entfernen
- Mehl
- ½ Liter Brühe
- 1 Glas Weißwein
- Zitronenschale
- Salz und Pfeffer

Zubereitung

Die Kalbshaxen im Mehl wenden nachdem man zuvor an drei oder vier Punkten das Häutchen am Fleischrand eingeschnitten hat, um ein Kräuseln während des Kochens zu verhindern. • Die feingehackte Zwiebel in ein bisschen Olivenöl und Butter anschwitzen. • Anschießend die Zwiebel aus der Pfanne nehmen und die Kalbshaxen gut auf beiden Seiten anbraten. • Mit einem Glas Weißwein ablöschen. • Eine Prise Salz, Pfeffer, das in einem halben Glas heißen Wasser gelöste Tomatenmark und am Ende die Zwiebel hinzufügen. • Auf kleiner Flamme etwa anderthalb Stunden köcheln lassen und dabei oft die Pfanne schwenken, um ein Anbrennen der Kalbshaxen zu verhindern. • Wenn nötig, ein bisschen Brühe dazugießen. • In der Zwischenzeit die berühmte „Gremolada“ zubereiten, das heißt eine Mischung aus gehackter Petersilie, geriebener Schale einer halben Zitrone, Sardellen und einer Knoblauchzehe, die fünf Minuten vor Ablauf der Kochzeit dazugegeben wird. • Anschließend noch eine Schöpfkelle Brühe zugießen, und das Fleisch umrühren…jetzt sind die Kalbshaxen nach Mailänder Art fertig! • Sehr heiß servieren, perfekt mit Safran-Risotto als Beilage (siehe Seite 44).

Mailand, *Mailänder Scala*

Kalbsschnitzel mit Schinken und Salbei

Zutaten
FÜR 8 PERSONEN

- 8 dünne Kalbsschnitzel
- 90 g roher Schinken
- 60 g Mehl
- 60 g Butter
- 8 Salbeiblätter
- 1 Glas Weißwein
- Salz und Pfeffer

Zubereitung

Auf jedes Kalbsschnitzel eine halbe Scheibe Schinken und ein Salbeiblatt legen und mit Klarsichtfolie abdecken. • Die Kalbsschnitzel auf einer sauberen Oberfläche plattklopfen, so dass sich der Schinken und Salbei gut mit dem Fleisch vermengen, anschließend auf beiden Seiten im Mehl wenden. • In einer Pfanne auf mittlerer Flamme die Butter schmelzen lassen und die Kalbsschnitzel anbraten. • Sobald die Schnitzel gar sind, auf einem Teller anrichten. • Den Wein in die Pfanne gießen und unter Umrühren den Bratensatz lösen. • Auf mittlerer bis großer Hitze eindicken lassen. • Die Schnitzel mit der so entstandenen Soße begießen und servieren.

Rom, *kapitolinische Wölfin*

Schweinerücken

Zutaten
FÜR 8 PERSONEN

- 1 Lendenstück vom Schwein (mit abgetrenntem Knochen), etwa 1,3 kg
- 2 Knoblauchzehen
- 3 Esslöffel frischer Rosmarin, nur die Nadeln
- 2 Esslöffel Salbei
- 45 g Butter
- ½ Glas Weißwein
- extrareines Olivenöl
- Salz
- gemahlener, schwarzer Pfeffer
- 900 g Kartoffeln, in Stücke geschnitten

Zubereitung

Den Ofen auf 200° vorheizen. • Den Knoblauch, Rosmarin und Salbei hacken und Salz und Pfeffer hinzugeben. • Die Kräutermischung teilen und in der einen Hälfte die Butter mit einer Gabel untermischen. • Die andere Hälfte mit 3 Esslöffeln Olivenöl vermengen. • Die Schweinelende mit einem scharfen Messer der Länge nach einschneiden. • Den Einschnitt mit einem Holzlöffel weiten und mit Hilfe eines Löffels mit der Kräuterbutter füllen. • Mit einer weißen Küchenschnur, die man zuvor in lauwarmen Wasser eingeweicht hat, die Schweinelende und den Knochen fest zusammenbinden. • In eine Ofenform geben und mit der Mischung aus Olivenöl und Kräutern würzen. • Nach einer Stunde und 20 Minuten die Kartoffeln hinzugeben, gut umrühren und mit dem Olivenöl und der Bratensoße bedecken. • Nach 15 Minuten den Wein darübergießen und umrühren. • Anschließend noch 10 Minuten weiter kochen. • Aus dem Ofen nehmen und heiß servieren.

Florenz, *Basilika Santa Maria Novella*

Milchlamm nach Jäger Art

Zutaten
FÜR 4/6 PERSONEN

- 900 g Milchlammkeule, in Stücke geschnitten
- 2 zerdrückte Knoblauchzehen
- 1 Esslöffel gehackter Rosmarin
- 2 Sardellen, in Stücke geschnitten
- ½ Glas Weißweinessig
- 60 ml extrareines Olivenöl
- 1 Glas Weißwein
- Salz und Pfeffer

Zubereitung

Mit Stößel und Mörser oder einem Mixer den Knoblauch, Rosmarin und die Sardellen zu einer homogenen Masse verarbeiten. • Nach und nach den Essig dazugießen und umrühren, bis die Soße gut vermischt ist. • In eine Schüssel gießen und abdecken. • In einer Pfanne Olivenöl erhitzen und auf großer Flamme das Lammfleisch anbraten. • Salzen und pfeffern. • Mit dem Wein ablöschen und die Essigsoße hinzufügen. • Die Hitze drosseln und mit Deckel zwei Stunden köcheln lassen, dabei häufig umrühren. • Vom Herd nehmen und vor dem Servieren 30 Minuten ziehen lassen.

Rom, *Trevi-Brunnen*

Rumpsteak Florentiner Art

Zutaten
FÜR 4 PERSONEN

- 1 Rumpsteak, etwa 1 kg, 2 Zentimeter dick
- extrareines Olivenöl
- Zitronensaft
- Salz und Pfeffer

Zubereitung

Kontrollieren, dass das Rumpsteak Zimmertemperatur beträgt. • Das ungewürzte Steak auf den Holzkohlegrill legen und auf großer Flamme garen. • Nach etwa 3 Minuten wenden, die schon gegrillte Seite salzen, auf der anderen Seite noch weitere 3 Minuten grillen und dann salzen. • Die Kochzeit kann dem individuellen Geschmack angepasst werden. • Man sollte jedoch beachten, dass das wahre Rumpsteak Florentiner Art „al sangue“ sein sollte, das heißt außen gut angeröstet und innen halb roh. • Mit extrareinem Olivenöl, einer Prise Pfeffer und Zitronensaft servieren.

Florenz, *Ponte Vecchio*

Meerbarbe aus dem Ofen

Zutaten
FÜR 4 PERSONEN

- 8 Meerbarbenfilets (jedes etwa 120 g)
- 1 Esslöffel Origanum
- Saft von 2 Zitronen
- Zitronenschale zum Garnieren
- Salat zum Garnieren
- Cocktailtomaten zum Garnieren
- extrareines Olivenöl
- Salz und Pfeffer

Zubereitung

Den Ofen auf 200° vorheizen. • Die Filets auf beiden Seiten mit Salz und Pfeffer würzen und die Seite mit der Haut nach unten in eine zuvor mit Olivenöl gefettete Auflaufform legen. • Mit Zitronensaft und Origanum würzen. • Etwa 10 Minuten im Ofen backen. • Auf einem Salatbett und mit Cocktailtomaten und Zitronenschale garniert servieren.

Florenz, *Basilika Santa Croce*

Pizza Margherita

Zutaten FÜR 2 PIZZEN

- 500 g Mehl
- 25 g Bierhefe
- extrareines Olivenöl
- 15 g Salz
- 5/6 geschälte Tomaten
- 1 Mozzarella
- Basilikum
- Öl
- Salz
- Pfeffer

Zubereitung

Für die Zubereitung des Teigs, das Mehl in eine große Schüssel geben. • Die Bierhefe in einem Glas mit lauwarmem Wasser auflösen. • Anschließend in die Schüssel zu dem Mehl und Salz gießen. • Kneten, bis ein luftiger Teig entsteht, wenn notwendig Mehl oder Wasser hinzufügen. • Das Ganze in eine große, zuvor geölte Schüssel geben, mit einem Küchentuch abdecken und bei Zimmertemperatur zirka 2 Stunden gehen lassen. • Den Teig dann mit den Fäusten drücken, teilen und zwei Kugeln formen. • Mit einem Küchentuch bedecken und noch mal 30 Minuten gehen lassen. • Den Ofen auf 220° vorheizen. • Zwei Pizzabackbleche von 30 cm Durchmesser ölen. • Die Teigportionen plattdrücken und auf dem jeweiligen Backblech verteilen. • Die in Stücke geschnittenen Tomaten darüber verteilen und ein bisschen Olivenöl dünn darübergießen. • In den Backofen schieben und etwa 15/20 Minuten backen. • Dann aus dem Ofen holen, den in Scheiben geschnittenen Mozzarella und die Basilikumblätter auf den Pizzen verteilen und weitere 7/8 Minuten backen. • Heiß servieren.

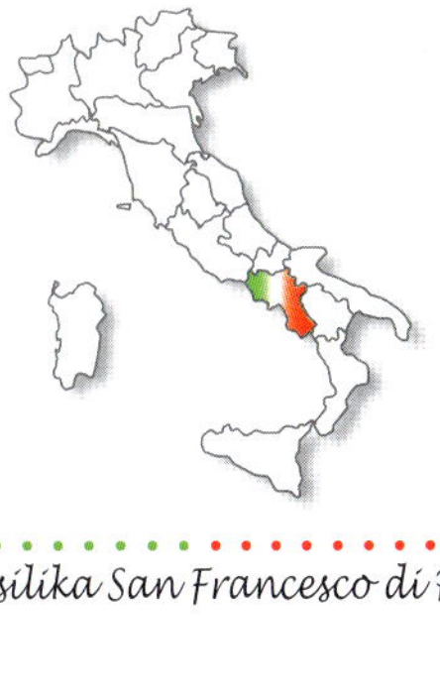

Neapel, *Basilika San Francesco di Paola*

Schokoladen-mürbeteigkuchen

Zutaten
FÜR 6/8 PERSONEN

FÜR DEN MÜRBETEIG

- 300 g Mehl
- 1 Ei
- 1 Eigelb
- 150 g Zucker
- 125 g ungesalzene Butter, in Stücke geschnitten
- Eine Prise Salz
- Eine geriebene Zitronenschale

FÜR DEN SCHOKOLADENMÜRBETEIGKUCHEN

- Mürbeteig wie nach dem Grundrezept
- 180 g Schokoladencreme

Ravenna, *Mosaik im Mausoleum von Galla Placidia*

Zubereitung

FÜR DEN MÜRBETEIG

Methode von Hand: alle Zutaten in eine große Schüssel geben und mit den Händen solange bearbeiten, bis alle Zutaten gut vermengt sind. • Den Teig auf einer Arbeitsfläche einige Sekunden lang kneten. • Dann in Klarsichtfolie einhüllen und so lange bearbeiten, bis er kompakt und klumpenfrei ist. • Zu einer Scheibe ausrollen und 30 Minuten in den Kühlschrank legen. • *Methode mit der Küchenmaschine*: Alle Zutaten in die Küchenmaschine geben und solange verquirlen, bis sich eine Kugel formt. • Den Teig in Klarsichtfolie einhüllen und wie oben beschrieben fortfahren. • Eine Kuchenform mit Backpapier auskleiden, den Teig etwa ½ Zentimeter dick ausrollen und eine Scheibe, die ein bisschen größer als die Backform ist, ausschneiden. • Die Scheibe in die Kuchenform legen und leicht am Rand andrücken. • Die Oberfläche mit einer Gabel einstechen und mit einem Messer den überschüssigen Teig am Rand der Kuchenform wegschneiden.

FÜR DEN SCHOKOLADENMÜRBETEIGKUCHEN

Den Tortenboden nach dem Grundrezept zubereiten. • Den Ofen auf 190 ° vorheizen. • Eine dünne, gleichmäßige Schicht Schokoladencreme auf den Tortenboden streichen. • Für die Dekoration des Kuchens den restlichen Teig ausrollen und in Streifen schneiden. • Diese auf der Schicht Schokoladencreme gitterförmig anordnen. • 35/45 Minuten backen. • Aus dem Ofen nehmen und für die Dekoration eine Tortenspritze mit Schokoladencreme füllen und kleine Schokoladenhäubchen in die Löcher des Gitters setzen.

Fladenbrot mit Weintrauben

Zutaten
FÜR 6 PERSONEN

- 1 kg blaue Weintrauben
- 350 g Mehl
- 200 g Zucker
- 20 g Bierhefe
- 1 Glas warmes Wasser
- extrareines Olivenöl
- Salz

Zubereitung

In einer großen Schüssel die Hefe mit dem warmen Wasser vermischen. • Eine Prise Salz, 4 Esslöffel Zucker und 4 Esslöffel Öl hinzufügen. • Nach und nach so viel Mehl dazugeben, bis ein weicher Teig entsteht. • Auf einer mit Mehl bestäubten Oberfläche den Teig kneten, bis er eine elastische Konsistenz aufweist. • In einer mit einem Geschirrtuch bedeckten Schüssel etwa 1 Stunde gehen lassen. • Nachdem man den Teig ruhen gelassen hat, ölt man eine Kuchenform mit hohem Rand und breitet den Teig darauf aus. • Dabei darauf achten, das mindestens die Hälfte des Teigs aus der Form überhängt. • Auf dem Boden Weintrauben und Zucker verteilen und mit Olivenöl begießen. • Den überhängenden Teig falten und darauf achten, dass der Boden komplett bedeckt wird, leicht mit den Fingern andrücken. • Anschließend eine zweite Schicht aus Teig, Weintrauben, Zucker und Öl formen. • Im Ofen bei 180° etwa 45 Minuten backen bis sich eine goldbraune Kruste bildet. • Das Fladenbrot kann lauwarm gegessen werden, im Originalrezept wird allerdings empfohlen, es am nächsten Tag zu verzehren.

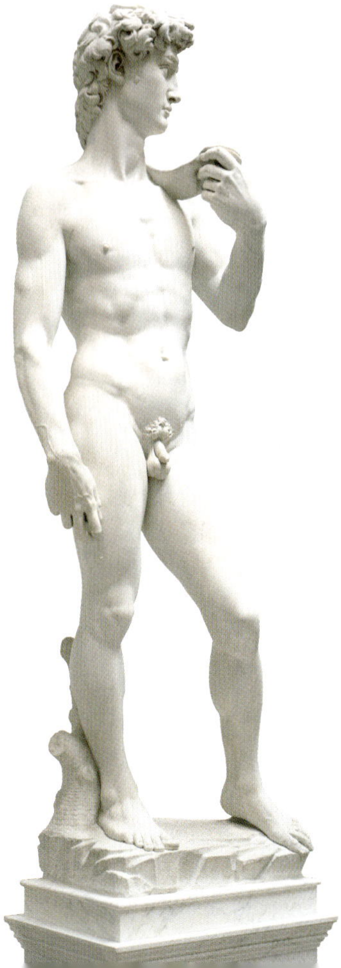

Florenz, *Michelangelos David*

Kastanien-kuchen

Zutaten
FÜR 8 PERSONEN

- 360 g Kastanienmehl
- 50 g Zucker
- 2 Esslöffel Pinienkerne
- 1 Esslöffel Rosmarin, nur Nadeln
- 3 Gläser Milch
- 3 Esslöffel extrareines Olivenöl
- Salz

Zubereitung

Den Ofen auf 180° vorheizen. • Das Kastanienmehl in eine Schüssel geben, Milch und 2 Gläser Wasser dazugießen und ständig umrühren, damit sich keine Klümpchen bilden. • Es sollte ein homogener Teig entstehen. Zucker, eine Prise Salz und Olivenöl hinzufügen und gut umrühren. • Eine Kuchenform fetten (je nach Belieben rund oder rechteckig) und den Teig hineingießen (dieser sollte nicht höher als 2,5 cm sein). • Mit Pinienkernen und Rosmarin bestreuen und mit Olivenöl beträufeln. • 40 Minuten backen und auf Zimmertemperatur abgekühlt servieren.

Florenz, *Ausblick vom Piazzale Michelangelo*

Tiramisù

Zutaten
FÜR 8 PERSONEN

- 450 g Mascarpone
- 200 g Zucker
- 8 Eier (Eigelb und Eiweiß getrennt)
- 6 Expressotässchen Kaffee
- Rum, fakultativ
- 25 Löffelbiskuits
- bitteres Kakaopulver

Zubereitung

In einer Schüssel die Eigelbe mit dem Zucker 3 Minuten verquirlen, dazu wenn möglich einen elektrischen Mixer benutzen. • Den Mascarpone dazugeben und weitere 2 Minuten verrühren bis eine cremige Masse entsteht. • Ruhen lassen. • In einer anderen Schüssel die Eiweiße steif schlagen. • In einem weiteren Gefäß Kaffee und Rum (fakultativ) vermischen. • Die Löffelbiskuits einen nach dem anderen in den Kaffee tauchen und in einer quadratischen Backform mit 16 cm Durchmesser anordnen. • Dünn mit Mascarpone bestreichen und eine weitere Schicht Löffelbisquits darüber legen. • So fortfahren, bis man 3 Schichten Biskuits und 3 Schichten Mascarpone übereinander gelegt hat. • Mit einer Schicht Mascarpone abschließen. • Mit Klarsichtfolie abdecken und 8 Stunden im Kühlschrank ziehen lassen. • Vor dem Servieren in Quadrate schneiden und mit bitterem Kakaopulver bestreuen.

Treviso, *Luftansicht*

Cremegefüllte, sizilianische Teigröllchen

Zutaten
FÜR 4 PERSONEN

- 12 leere Teigröllchen, schon fertig abgepackt
- 450 g Ricotta (quarkähnlicher Frischkäse), abgetropft
- 90 g Puderzucker
- 100 g kandierte Früchte (Orangen, Zitronen, Kirschen)
- 50 g bittere Schokolade, fein zerkleinert, zusätzlich ein bisschen für die Verzierung
- 1 Esslöffel Orangenblütenwasser

Zubereitung

In einer Schüssel Ricotta mit dem Puderzucker, 30 g kandierte Früchte, Schokolade und Orangenblütenwasser zu einer homogenen Masse verrühren. • Die so entstandene Creme in eine Tortenspritze geben und die Teigröllchen damit füllen. • An den beiden Enden die übrigen kandierten Früchte und einige Schokoladensplitter dazugeben. • Die Teigröllchen auf einem Teller anrichten und im Kühlschrank eine Stunde lang ruhen lassen. • Vor dem Servieren mit Puderzucker bestreuen.

Agrigent, *Concordiatempel*

Der Band ist herausgegeben und realisiert von
ATS Italia Editrice s.r.l.
via di Brava, 41/43 - 00163 Roma
tel. 0666415961 - fax 0666512461 - www.atsitalia.it

Redaktion *Paola Ciogli*
Bildverzeichnis *Angela Giommi*
Grafik, Umbruch und Einband *Roberta Belli*
Scannen und Farbkorrekturen *Leandro Ricci*
technische Koordination *Flavio Zancla*

in Zusammenarbeit mit dem *Italian Culinary Institute*:
Verantwortlicher *Paolo Villoresi*
Redaktion *Elisa Della Barba*

Übersetzung *Katrin Gigling*

fotografische Referenzen:
Italian Culinary Institute, New York
PhotoService Electa, Milano
ATS Italia Editrice, Roma - (Mallio Falcioni)

Besonderer Dank gilt Katia Rosa
für Ihre freundliche Unterstützung

Questo volume è disponibile anche in lingua italiana
This volume is also available in English
Ce volume est disponible aussi en français
Esta obra también está publicada en español
Данное издание опубликовано также на русском языке

ISBN 978-88-7571-640-0

Druck:
Kina Italia/Lego - Italy